AF398421

"Poesi och visor är inte saker man hittar, utan det är saker som hittar en, och det enda man kan göra är att gå där de kan få tag på en".

Nalle Puh

Förord

Min mormor tyckte om att skriva verser och dikter. När
någon bekant bad om en lämplig vers till bröllop,
födelsedag och liknande, så knåpade hon ihop något
passande. Det var nog min mormors fyndiga verser som
inspirerade mig till att börja skriva verser om allt möjligt.

Min strävan är att hitta en lättsam rytm och ord med stuns
och jag vill skapa igenkänning och roligheter.

Några verser har jag skrivit på tyska och några på
engelska för att det kändes roligt. Men jag vågar inte lova
att dessa är grammatiskt korrekta.

Kanske kan det här vara en presentbok eller en bok att ta
fram ibland för att läsa en vers och konfrontera den med
de egna tankarna. Kanhända läser du en vers för någon i
familjen eller vänkretsen.

Hoppas att dina tankar kan ta ett glädjeskutt här och där,
när du läser mina verser och rappar! Kanske kan verserna
skapa nya tankar och reflektioner hos dig.

Lotta Zell Juhlin

Lotta Juhlin

Flugsmällartango

Verser i vardan och vice versa

Förlag: BoD – Books on Demand, Stockholm, Sverige

Tryck: BoD – Books on Demand, Norderstedt, Tyskland

ISBN 978-91-7785-379-4

Innehållsförteckning

TANKAR OCH REFLEKTIONER

"Förmågan att i dag tänka annorlunda än i går skiljer den vise från den envise".
John Steinbeck (1902 – 1968) amerikansk författare

Att tänka är en stimulerande företeelse – i alla fall om man prövar sina tankar, utmanar dem, reflekterar, tänker om ... Det finns många tänkvärda ord ... *betänksam, misstänka, tankekullerbytta, ett nytt tänk, tänkbar, tänkesätt ...*

Tanken lyfter

Tanken och längtan lyfter, och där,

bort i en hög och klar atmosfär

en evig ocean som ingen har vetat,

okända öar där ingen har letat,

en stilla rymd där tanken styr,

en svindlande aning som sakta gryr,

en bländande bro som bär mitt jag

fritt över gränser natt och dag,

befriar tanken, den klara och rena,

nuddar en sanning som broar förena.

Kannan

För bara en minut sen hade kannan varit hel

utan några sprickor och utan några fel.

Hon tittade på skärvorna på golvet där de låg,

hon tänkte tillbaka, försökte komma ihåg,

hur de nyss satt ihop i en kanna av porslin.

Nu fanns den inte längre ... den hade varit fin.

Tid

Tiden som ska komma

kanske inte kommer alls.

Då står du där och gapar

med din tvättade hals.

Jag skulle ju, jag ville ju, jag tänkte så stort.

Nu är det för sent och ingenting blev gjort

av allt det där nära, av allt det där jag bort.

Damm

Hos oss blir det dammigt när solen lyser.

Då ser man tydligt att dammtussar myser,

för just när solen tittar in i vårt hus,

lyfter dammet och svävar som i rus.

Vartenda dammkorn snurrar och dansar,

glider och kråmar sig i solens fransar.

Plötsligt kommer skuggan, när molnen seglar fram

och med ens ser man inte längre något damm.

Inte ett endaste dammkorn är kvar

och luften är åter ren och klar.

Ryktet

Om ditt rykte ändå är spolierat,

kan du leva alldeles ogenerat.

Man vill inte vara tjock

Man vill inte vara tjock och rund,

man vill gärna vara slank och sund.

Då kan man välja alla möjliga strategier,

man kan till exempel räkna kalorier.

En del kostar på sig redskap och don,

som ska ge kroppen en bättre fason.

Några köper dyra tabletter och dieter,

de plågar sig, jämför, väger och mäter.

Många äter så lite de kan,

i alla fall till frukost och i alla fall ibland.

Vissa ger sig hän i terapibehandlingen,

alla väntar på den stora förvandlingen.

Förgäves väntar emellertid de flesta,

så orättvist ter sig livet för det mesta.

Man möchte nicht dick sein

Man möchte nicht dick sein,

man möchte gern schick sein.

Dann kann man verschiedene Programme wählen,

man kann zum Beispiel Kalorien zählen.

Manche machen Sonder-Diät,

andere kaufen geeignete Gerät´.

Sie machen eine Radtour drunten im Keller

und essen jeden Tag wenig vom Teller.

Oder kriegen sie Therapiebehandlung,

alle warten auf die große Verwandlung.

Die meisten warten aber vergebens,

so unrecht scheint die Natur des Lebens.

Minnen

Jag samlar på kära och vackra minnen

och vårdar dem ömt i alla sinnen.

De lägger sig tacksamt och glatt till rätta,

för likt maskrosens frön är de spröda och lätta,

tränger undan grubbel och tunga tankar,

som annars lätt tar plats och vankar

runt, runt i alla vrår,

strunt, strunt är vad de sår.

Bort, bort all bitter fundering.

Ge plats åt en skön och spirande plantering!

En tekanna

Det är något speciellt med en tekanna.

Det vilar ett varmt och vänligt skimmer över en tekanna,

ett angenämt löfte,

en vacker ton,

en hemlighet.

Den kan se ut hur som helst

och har likväl en själ och en värdighet.

Den är oberoende av tid och rum och ursprung,

den symboliserar fred och förlikning,

vila och vänskap,

samtal och tystnad,

kroppslig och själslig ro och balans,

en kanna för tålamod och tolerans.

Man bär sig åt

Man skapar ett hem

men kan inte vara hemma,

för man hamnar i kläm,

ett ekonomiskt dilemma.

Man jobbar och sliter för att kunna bo

och när pensionen kommer har man ändå ingen ro.

Då ska man ut och se sig om i världen,

för då har livet fått andra värden.

Längtan

Den har ett vemod, min hemliga följeslagare,

och en sötma, som emellanåt blir svagare.

Då skaver den istället, gnager och sliter,

ändå vill jag ha den, för den har sina meriter.

Stundtals fyller den alla mina tankar,

går fram och tillbaka och vankar, vankar.

Den finns där när jag städar, vilar och går,

den lägger sig till rätta i alla vrår.

Ibland har jag glömt den och tänker på annat.

Då smyger den fram och viskar så förbannat.

Plötsligt kan den knacka på själen och strö

något ljuvligt eller sorgligt, ett minne, ett frö,

som väcker en lust att sätta igång,

baka ett bröd eller sjunga en sång.

STOLAR

Det finns något mänskligt över stolen. Den hör ihop med oss på ett nästan intimt sätt. Den ska tåla, den ska bära, den ska stötta. Jag tycker om stolar, det ska jag inte sticka under stol med.

Stolen är grejen

Stolen, kan man säga, är lik

människan och hon är unik

och varje stol är lite egen,

någon är skön i alla lägen,

andra gör ont hur man än försöker,

man vrider och vänder och sträcker och kröker.

Många vill ha sin egen stol,

för den känns van och rätt och cool.

Det finns stolar som man gungar i

och stolar att ha ungar i,

stolar som man bilar i

och stolar som man vilar i,

stolar som man solar i

och stolar som man gnolar i

och stolen där prästen möter sin församling

och stolen där kvinnorna får underredsbehandling.

Det finns stolar där doktorn lagar våra tänder,

i dom kan man ligga när hon borrar och bänder.

Kungar som ska äras

får sitta och bäras.

Gamla som e´ trötta

rullar stolen och kan stötta

den stela, slitna, nötta

kroppen som har tröttna´.

Och sen har vi stolar,

som man helt enkelt spolar

och stolar med tre eller fyra ben

och stolar som rullar för den som är klen.

Rullstol – gåstol – gungstol,

liggstol – solstol – bärstol,

strandstol – vilstol – bilstol,

toastol och arbetsstol och flygstol,

barstol – barnstol – fällstol,

hopfällbara – sittbara – gångbara,

gungbara – liggbara – bärbara.

Ja, när man tänker efter, så finns det väldigt många

gjorda för trötta, korta och långa,

för nådiga och nödiga,

för barn och gamla,

för flitiga och törstiga,

för såna som kan ramla.

Och för dom som vill stötta social begåvning

är stolarna på festen till för att få ordning,

så att varje stol blir någons egen.

Ja stolen är grejen i alla lägen.

Utedass

Ute i gräset när tarmarna spritter

ger utedasset med fågelkvitter

en fridfull och stilla, naturnära stund

för ung eller gammal, smal eller rund.

Där kan man sitta och ha de´ bra

praktiskt taget varendaste da´.

Det är inte så tokigt faktiskt,

att sköta sin mage är sunt och praktiskt.

Dörren kan va´ öppen, när solen skiner

men stäng den om dig, när vinden viner.

Ett utedass

är en sådan plats,

där vem som helst kan känna sig lättad,

emellanåt också däst och fjättrad.

Där kan man sitta och filosofera,

sen gå in i stugan för att skrodera.

Visdomsord kan ligga där inne på en hylla

och läsas i ensamhet och tankarna fylla.

Ett utedass

kommer väl till pass

för den som behöver

och inte kan stå över,

för den som vill sitta

och bara titta,

för den som vill va´ i lugn och ro

alldeles ensam och bara glo,

för den som vill pröva hur det är på lande´

men inte är säker på att hen kan de´,

för den som är nostalgisk och gärna vill minnas,

för den som helt enkelt bara vill finnas,

för den som vill planera,

för den som vill flanera,

för den som vill drömma

och för den som vill glömma.

Ett utedass i sin grannaste stass

blir ett utedass av högsta klass.

DÖDEN

"Det är inte det att jag är rädd för att dö – jag vill bara inte vara med när det händer"
Woody Allen (f.1935) amerikansk filmare och författare

Döden, döden, sa Astrid Lindgren och hennes systrar som inledning, när de pratade med varandra i telefon. Sedan ansågs det samtalsämnet vara avslutat. Nu är Astrid död och av alla döda jag känner till, känns hon mest levande.

Fåren tystnar

De ulliga fåren uppe i skyn

betade förr på ängarna i byn.

När fåren blir gamla och orken tar slut

och benen vacklar för livet rinner ut,

suckar de farväl och lägger sig ner,

blickar lyckligt mot himlen och ser

de ljusblå ängarna uppe i skyn

med saftigare gräs än någonsin i byn.

Flugsmällartango

(kan sjungas fritt på melodi *Habaneran* ur Carmen av

Bizet)

Jag ska döda dig dumma fluga!

Vart tog du vägen? Jag såg dig nyss.

Med min flugsmälla ska jag lyckas

att drämma till och ge dig dödens kyss.

Jag slår än här, jag slår än där,

jag föreslår att du stannar still.

Du bär skulden till mitt humör,

jag ska ha tålamod tills du dör.

Du flyger hit, du flyger dit.

Du är ej kvar där du just nyss var.

Jag kommer efter, strax är jag där

och drämmer till där du inte är.

Jag spanar hit, jag spanar dit,

jag är beredd att slå dig bit för bit.

Frågan är var du är nu,

jag slår dig snart, jag slår dig mitt itu.

Du irriterar med din sång,

jag slår dig död förgäves gång på gång.

Jag ser dig här, jag ser dig där.

Jag slår ihjäl dig, ja Olé ... sånär.

Der Fliegenklatschtango
(kann frei nach Melodie *Habanera* aus Carmen gesungen
werden)

Ich will dich töten du doofe Fliege

mit meiner Klatsche, wo bist du bloß?

Wenn ich mich drehe und dich bald sehe

kriegst du per Klatsche einen Todeskuss.

Ich schlage hier, ich schlage da,

ich schlage vor du bleibst jetzt still.

Die schlechte Laune ist deine Schuld.

Behalte Angst, ich hab´ noch Geduld.

Du fliegst mal hin, du fliegst mal her.

Du bist nicht da wo du g´rade warst.

Ich komme nach ich bin bald da

und klatsche dort wo du gerade warst.

Ich gucke hier, ich gucke da,

ich bin bereits, ja ich bin richtig nah´.

Die Frage ist wo du jetzt bist,

ich klatsch´ dich bald mit viel´n Gewalt.

Du irritierst mich mehr und mehr.

Ich bring´ dich um, ich hass´ dich sehr.

Ich seh´ dich hier, ich seh´ dich da.

Ich schlag´ dich tot, oh ja Olé … beinah´.

Tack

Sol och himmel, hav och land

möter oss på samma strand.

Du som snart ska ge dig av

möter oss vid nya hav.

Tack för att du gav din tid,

tack för kärlek varm och vid.

Hos alla oss som har dig kär

är du för alltid kvar och här.

DRÖMMAR

*Jag har en dröm. Jag drömmer om att forna slavars söner
och forna slavägares söner ska sitta tillsammans på
Georgias röda berg vid gemenskapens bord.
Jag har en dröm ...*
Martin Luther King (1929 – 1968) amerikansk pastor,
aktivist och framstående ledare inom den afroamerikanska
medborgarrättsrörelsen.

Denna dröm var en del av förra seklets mest berömda tal. Det
är viktigt att ha drömmar! Drömmar kan komma i sömnen.
Sådana drömmar förblir för det mesta bara drömmar. Men
vakna drömmar kan bli bra vägvisare till målet.

Den bästa drömmen

Drömmar om skönhet, berömmelse och pengar

försvinner plötsligt om hälsan rämnar.

Den bästa drömmen får lätt stå tillbaka,

åtminstone så länge den går att försaka.

Bara en dröm...

Där stod jag på festen som ett löjligt fån,

såg allas blickar och kände allas hån.

Du var där med en annan kvinna,

men vi? ... som kan älska så och brinna

häftigt och innerligt på samma gång!

Vi som vågat så många djärva språng

och skänkt varandra tillit och kraft.

Du är det bästa, det finaste jag haft.

Det tycktes inte bekomma dig ett dugg,

medan jag förnam ett ohyggligt hugg,

som fick min kropp, mitt liv att rasa.

Jag kved utan röst av smärta, av fasa.

Plötsligt vaknar jag och du ligger där

och tittar på mig som om du vore kär.

Du säger att vädret är vackert och klart

och att jag måste vakna och sätta lite fart,

för vi ska göra frukost och sedan ge oss ut,

och jag som trodde att livet var slut.

Jag fick dig ändå att säga förlåt,

innan vi klev upp, klädde på oss och åt.

JULEN

Det är inte julafton varje dag!

Nej tack och lov för det! Uttrycket här ovan betyder att man inte kan ha roligt jämt men är julafton så rolig jämt? Julen kan kännas påflugen och fordrande och för många mycket, mycket ensam.

Det skulle vara skönt, om julen bara vore stilla.

Julönskan

En stilla stund i ljus och ro

och sedan ännu en.

En liten längtan som får gro

tillsammans med en vän.

Sköna möten, äkta skratt,

fin gemenskap, lite fnatt,

mycket läsning och motion,

mycket värme och passion,

goda måltider och glada minnen,

må julen berika alla dina sinnen!

Låt oss berätta

När mänskor vill ha fred

men världen är ur led,

när vi vill känna frid

men världen står i strid,

då söker vi förtroende

och erfar ett beroende

av budskap som gläder

och nyheter som skräder

och väcker det goda i världen till liv

och kanske förminskar allt våld och kiv.

Så låt oss berätta om allt som är gott,

om goda gärningar i stort och smått,

så våld och strid och ondska blir stum

och omsorg och glädje får större rum!

Med hopp om en jul med tillit och lust

humor, gemenskap, kraft och must,

lycka och skratt, stillhet och värme

som elden i brasan när man kommer närmre.

God jul

Tyst tyst, det är alldeles tyst.

Tyst tyst, det hörs inte ett knyst.

Natten är stilla och gömmer

gåtfulla tankar som drömmer

och nynnar i mörkret en ljuv melodi

med ljus och gemenskap och värme i.

Hoppas din jul blir fridfull och glad

med vila och böcker och varm choklad,

lagom med dryck och lagom med mat,

snö och motion så du inte blir lat,

lycka och skratt, stillhet och värme

som elden i brasan när man kommer närmre.

Himlen hänger mörk

Himlen hänger mörk över snöfria skogar,

tysta står skidor, kälkar och plogar.

Inte biter det friskt i kinden

och var är den barska Nordanvinden?

Och inte ens kan det börja töa,

för inte ens har det börjat snöa.

Men barnens förväntan är som vanligt stor,

ögonen tindrar lika glatt som i fjor

och julens glada och sköna musik

skapar ändå stämning, för den är sig lik.

Och julbaket doftar som det alltid har gjort

och julens hälsningar och brev och kort

och stjärnorna i fönstren och alla ljus

sprider gemenskap från hus till hus

och lycka och skratt, stillhet och värme

som elden i brasan när man kommer närmre.

Julsaga

Värmen lyser så rart i alla hus,

ute i kylan skyndar liten mus.

Han är rädd för mörkret och kölden, han fryser.

Där inne sitter människor och äter och myser.

Åh, så gärna han också vill ha mysigt!

Han längtar efter mat och värme så rysligt.

Han börjar springa, för han är så frusen.

Då ser han plötsligt ett hål i ett av husen.

Han tränger sig in och värmen börjar strömma

genom hela kroppen och benen som är ömma

och tänk, han hittar en lagom bit

av en ost som han äter med god aptit.

Så somnar han varm och mätt och nöjd.

Äntligen känner han julefröjd.

Jul utan snö

Nu när ljusan da´n blir mörk

och till och med varenda björk

blir dystert svart, ja svart som beck

och höstens alla fågelsträck

för länge sen flög iväg mot ljuset

och inte ens snön lyser upp utanför huset,

då borde väl mänskan kanske rent av gå i ide

liksom igelkott och björn, fladdermus och vide.

Nej vi vill fira jul även utan snö,

en fridfull jul som blir lång och slö

med lagom mycket mat och motion

så att hälsan är i trim och i god kondition,

lyssna till julens sånger och musik,

känna julens dofter och gåtfulla mystik,

smaka glögg och marsipan och skinka,

se ljusens lågor oförväget vinka,

skänka en tanke, en klapp, en slant

till en som är fattig, en obekant

och önska alla dem som står utanför julen

en lycka, ett hopp – om än förstulen -

att få uppleva glädje, stillhet och värme

från elden i brasan när man kommer närmre.

Ukraina i jul 2022

Medan vi firar jul i fredliga tider,

fryser folk i Ukraina och lider.

Vi har ett hem och sover tryggt,

de har ett skyddsrum och söker flykt.

Vi köper klappar, skrattar och sjunger,

de letar mat, som kan stilla hunger.

Och trots all rädsla och oro,

trots allt som de måst försaka

har de ändå en styrka och tilltro,

som de har kunnat bejaka.

I själen, i viljan, i tanken finns ett mod,

som brinner ännu starkare än krig och död,

att det finns till slut en utväg som är god,

så låt oss hjälpas åt att ge folket stöd!

Låt oss ge av vårt överflöd,

för klagan bidrar ju bara till nöd.

När vi hjälper till, kan vi känna julens värme,

som elden i brasan när man kommer närmre.

Låt oss sprida goda nyheter!

Det är svårt att glömma att man dödar och spränger

och nog är det fel om vi förnekar och förtränger.

Men visst är väl julen en tid för goda tankar?

Och ingen mår gott av att man bara klankar.

De allra flesta är ju hyggliga och rara,

Ja, jag såg häromdan en liten skara

unga pojkar som mötte min blick,

de log så glatt och gav mig en nick.

Ungdomar lämnar sin plats i bussen

åt en som är äldre och trött i stussen.

Och i trappan på stationen blev min väska så tung.

Kvinnan som hjälpte mig var förstås ung.

Hon log och sa *får jag hjälpa dig?*

– *Tack, så bussigt!* Vilken gullig tjej!

En hund som sprang vilse nere vid hamnen

hittade sin matte, som tog henne i famnen

och när matte fick tillbaka sin lilla hund,

fann vi andra i hamnen en gemensam stund.

Vi log och pratade med dem vi inte kände.

Det var något litet men fint som hände.

Ja visst är de flesta hyggliga och rara.

Men media får oss att tro att det bara

finns falska och farliga och lömska individer,

för i media skrämmer man folk och förvrider.

Desto viktigare då, att vi alla sprider

goda nyheter i juletider

och ger varandra glädje och värme

som elden i brasan när man kommer närmre.

Lasst uns die gute Nachricht verbreiten!

Es ist schwer zu vergessen wie die Welt jetzt leidet.

Es hilft auch nicht, dass man verdrängt oder meidet.

Aber die Weihnachtszeit ist ja Zeit für gute Gedanken

und niemandem tut es gut nur zu klagen und zu zanken.

Die meisten sind tatsächlich nett und gütlich.

Gestern traf ich drei Burschen, die gemütlich

mir lächelnd und freundlich zunickten

und dadurch eine schöne Atmosphäre verschickten.

Am Bahnhof wurde mir mein Koffer so schwer.

Eine junge Dame sagte *Geben Sie mir hier!*

Im Bus und U-Bahn bieten oft junge Leute ihre Plätze an

damit jemand der alt ist eine Weile sich ausruhen kann.

Ein Hund war im Hafen verlaufen,

fand aber endlich sein liebes Frauchen.

Wir andere fühlten uns dabei erleichtert

und haben ganz sicher die Erinnerung gespeichert,

denn dort im Hafen fingen wir alle an

mit Fremden zu plaudern, wir lachten und dann

passierte was Schönes, eine Kleinigkeit vielleicht

aber doch etwas Wichtiges, eine Einigkeit.

Ja die meisten sind tatsächlich freundlich und gut,

trotzdem vermittelt Massenmedium Wut.

Umso wichtiger ist es dann,

dass jeder macht was er kann

um zu den Weihnachtszeiten

gute Nachrichten zu verbreiten

und einander Freude und Wärme zu geben

so wie das Feuer, wenn wir näher gehen.

Tomtens jullov (läses gärna på respektive dialekt)

VÄSTERBOTTEN

Trött och trumpen,

öm i gumpen,

magen däst av gröt och nötter,

ryggen böjd och skavda fötter.

DALARNA

Fy så snärjigt och besvärligt,

säger tomten efter jul.

Det ska verkligen bli härligt

att själv få lite kul.

VÄRMLAND

Så rakar tomten av sig skägge´

och hans haka blir så len,

fötter´a får fotbad,

varje tå blir mjuk och ren.

SMÅLAND

Han sträcker på varenda led

och gäspar me´ ett tjöut,

knäpper opp sin byxa med,

så magen pustar öut.

GÖTEBORG

Sen en pri:s i varje halva

och en fi:s så glasen skallra.

Tänk att få semester nu!

säger tomten till sin fru.

HALLAND

Slippa dra från hus till hus

och fråaga överallt

"Finns här några snälla ba´n?"

och usch vad det bleär kallt!

GOTLAND

Han slänga alle sine tomtekleda

I en skruobb på vinden,

klear si seän för souligt väda,

pussa fröun på kinden.

SKÅNE

Kom nöu lilla gumman,

för innan kinden hunnit torka,

ska bååde döu och jau

sitta på flöjget ti´ Mallorca!

SPANSK-SVENSKA

Aha, Signore Chultomte,

ni vara micke välkomte

vackra och tjöna Mallorca!

Sola så micke ni orka!

Tjättebra mosikorkester,

middag med chärliga fester.

Är vara ni chedersgäster.

Oppas ni få tjön semester!

BARN OCH BARNBARN

Att alltid vara en smula barn – det är att vara verkligt vuxen. Jevjenij Jevtsusjenko (1933 - 2017) rysk författare

Av barn lär vi oss mycket – främst om oss själva. Alla vuxna borde ha förmånen att få umgås med barn.

Barnbarnen sover

Barnbarnen sover och gömmer

gåtfulla drömmar och glömmer,

att vi nyss sa till dem i barska toner

Neej, vad är det här för fasoner!

Nu sitter vi här glada och trötta,

känner oss stolta om än lite nötta

efter helgen med barnbarn från ett år till tio.

Bolibompa och köttfärssås, spel och bio,

sagor och pussar och utspilld chokla´,

bråk och skratt - precis som det ska va´.

Alla barn i världen

Alla barn i världen behöver hålla i en hand,

en som vågar älska när tvivlet står i brand.

Den som räcker handen till ett barn och håller kvar

har gjort mycket mer för freden, än många andra har.

Hur barn växer

- Dina strumpbyxor Alma, var har du dom?

- Dom tog jag av mig just när jag kom.

- Hade du strumpbyxor på dig när du kom till oss?

- Ja, men de blev för små och då tog jag av dem förstås.

- Blev de för små när du kom till oss i går?

- Ja, jag växer ju även när jag inte fyller år.

Änglar kan flyga

Almas mormor hjälpte en tant

och tanten log och sa

Du är en ängel, det är sant

Tack, tack, tack ska du ha!

Några dagar därefter frågade Alma: *När kommer mormor*

hem?

Morfar sa att flyget var inställt och mormor får vänta till

klockan fem.

- Mormor kan flyga alldeles själv. Hon behöver inte

    vänta.

- Hur menar du då? frågade morfar sin lilla kloka

    jänta.

- Hon är en ängel, vet du väl

    och en ängel kan flyga alldeles själv.

Barn är såna

När farmor frågar *Vill ni följa med till stan?*

säger pojkarna att de vill va´ på fotbollsplan.

Den minste som är vek men kvick

anar en besvikelse i farmors blick.

Han tar hennes hand och vill förklara

Farmor, du förstår, barn är så´na bara.

Ett barnbarn blir 17

Dina kloka tankar seglar i slör,

når ett mål och ankrar i gehör.

Väv i dina egna tankespår,

följ dina egna idéers semafor!

RAPPAR

Rapp är ett roligt ord. När man piskar mattor gör man det med kraftiga rapp. Det kan betyda *snärt.* En jockey kan ge sin häst en liten snärt med piskan för att få hästen att springa fortare. En som är rapp är kvick och alert. *Rappa på* kan vi säga till en som är långsam. En rappare får inte vara långsam utan kvick och alert. Hen måste rappa på – skynda på – för att takten och rytmen ska ge känslan av musik. En rapp är en spännande variant på sång, en rolig utmaning.

Dom vuxna säger alltid till

Dom vuxna säger alltid till

dom tror att allt som vuxna vill

är bäst för oss, det enda rätta

nu ska det bli slut på detta!

Vi som växer vet och vill

och ingen här är imbecill.

Vi är bra på väldi´ mycke´,

kom nu gör vi värsta rycke´.

Vi kan engelska och data,

ni kan laga mat och tjata.

Här i stan går vi och dräller,

vi kan alla tidtabeller

men ni vuxna bara gnäller,

ni vet alltid vad som gäller,

hittar alltid fel och skäller,

vi har andra slags modeller,

fatta oss vi är rebeller,

lyssnar inte på appeller

sånt är bara bagateller.

Eran värld är inte vår,

eran värld är jättesvår.

Våran värld är inte lätt,

vad är fel och vad är rätt?

Vi försöker,

snackar söker,

trivs i kläder som är nötta,

vaknar alla dagar trötta,

kom och hjälp och stötta!

Vi ba´

Vi ba´ å dom ba´

kom ba´ å såg.

Å hon ba´ å han ba´

fattade noll,

å du ba´ å ja´ ba´

vem hade koll?

Vi ba´ vadå?

Å dom ba´ hur så?

Kom igen då ändå!

Å sen ba´ liksom, dom ba´ liksom ... RIDÅ!

We like to rap

We like to rap,

so when there´s a gap,

we start our rap

and want you to lap

everything we shout,

everything we tout.

We want you to hear,

accept what we wear

and listen when we say

tomorrow, not today.

Life can be a pain

Life can be a pain in the ass,

so, we have to make it pass

without destination

avoiding confrontation.

We travel to the mall

where we are free to sprawl.

We like the activation

at the noisy railway-station.

You parents always dominate,

you just like to complicate

and always want to moralize,

you just have to realize

that our world is not like yours,

our world is more outdoors.

Your whole world is complicated,

every day is calculated,

our world is hard and tough,

our language bare and rough,

our style is off the cuff

sometimes even bad and gruff.

We ourselves are not so tough,

so at last to cut it short

we´re in need of good support.

Vår natur

Det borde finnas nån censur

för att skydda vår natur,

innan den blir genomsur.

Kan ingen klyftig krumelur

hitta någon procedur

som ger allt i vår natur

en riktigt äkta reningskur?

Gå varsamt fram i vår terräng,

skövla inte skog och äng,

ta med dig skräpet hem till dig,

sortera sopor och säg nej

till plastpåsar och all reklam,

du som skräpar är infam.

Det är vidrigt oförskämt,

att lita på att andra jämt

ska städa efter dig och röja,

låt det inte längre dröja

med att dra ditt strå till stacken

och få höra hejarklacken,

innan du får hjärtattacken

ligger där i sista fracken.

Barn ska få en bättre värld

med sunda liv och utan flärd.

Gå med, bygg upp och känn dig stolt,

dela med dig, gör revolt

mot alla dom som bara smiter

från miljön, dom är banditer.

DIALEKTER

"Visa mig vad du läser och jag ska säga dig vem du är"
Detta uttryck kunde i viss mån också gälla dialekter: *Tala ditt hembygds-mål, så vet jag en del om din bakgrund.*

Tacka vet jag dialekter! En dialekt avslöjar inte bara varifrån en person kommer utan kan också ge besked om vad den man möter har upplevt. Med hjälp av dialekten kan vi få gratisinformation och en mängd uppslag till samtalsämnen. Om du har besökt den trakt som en främling kommer ifrån, så är hen ju inte längre en främling för dig.

Digga dialekter

Skåningar äe oförskämt nöjda

som om deras dialekt bara kunde fröjda.

Di bräker och härjar och drar i orden

så man kan tro att di är dom enda här på jorden.

I skånska myllan står dialekten stadigt,

sen må andra tycka att det låter tradigt.

Där finns också den som klingar ganska snobbig,

den går genom näsan och kan låta lite jobbig.

Man får lätt den känslan att personen är förmer,

till dess man lär känna henne bättre och ser,

att hon är lika klok och trevlig som de flesta,

just så är det med dialekter för det mesta

Göteborgaren är vitsig och på hugget,

vi är många i Sverige som gillar det tugget.

Göteboskan har ena käck intonation,

som riktigt bjuder in till god kommunikation.

Värmlänningen låter så väldigt snäller.

Han varken klagar skriker eller gnäller.

Vokalerna är så öppna och generösa

L-en är tjocka och oglamorösa.

Med vänlighet kan värmlänningen verkligen slösa.

Smålänningen är gniden och gnetig

men också flitig och stretig.

Han snålar på kreationerna – så han gör

men inte på fasonerna – så han inte gör.

Smålänningen är påhittig och envis

och för detta är ju Emil ett gott bevis.

Östgöten (*Ösköten*) tröutar med munnen så da'nt

både när han sjunger och pratar spontåant.

Östgöten betonar med sä'skild stejl

på tex. vattne' men inte på bejl.

Han weflekterar över wos o weis,

ja de låter rart på sätt och vejs.

Hallänningen sjunger på koav och skjoata,

bjuder på bülle, kaka å tåata.

Det låter ra(r)t när de släääpar på oarden.

Ä' de' den släpigaste dialekten i Noaden?

I Gnällbältet klagar man och gnäller,

det låter ibland som om man häller

alla besvärligheter över varandra

och visst är det trist att klaga och klandra.

Men där kan det också låta rart och mjukt,

de e´ faktiskt märkligt, nästan lite sjukt.

Det här med dialekt och fraserande

är både intressant och fascinerande,

för om man riktigt överdriver,

så låter varje dialekt både fånig och ful.

Det beror på hur man beskriver

för varenda dialekt kan låta vacker och kul.

Självklart har varje bygd i Norrland sin dialekt,

ändå bunt´ vi ihop dom och säger *dom e ju schläkt.*

Där antyder sättet å prata

att man inte är benägen å tjata.

Int´ vill man prat´ i onödan

ett "jo" med sug är knappt värt mödan.

Dalmålet rullar

genom dalar, över kullar,

dansar i folkdräkt

runt midsommarstång,

svänger och sjunger sommaren lång.

En mas och en kulla

tycks alltid fulla

av sång och glädje,

det får man medge.

Goetländske har bleivi en elskad dialeäkt

Den ger mi en känsla av iursprung och respekt.

Ainbusk Singers och Babben är nog de som har väckt

vår kärlek till denna sagans dialeäkt.

Alla andra hackar

på <u>Stockholmar´n</u> som snackar

utan minsta aning

att stockholmska är *Varning.*

För alla andra ifrån lande´

vill ju vara dom som kan de´

Nä, men stockholmar´n e helt ok och juste

... i alla fall så länge han e tyst.

Lovsång till glassdesserten

DANMARK

<u>Min</u>e damer og herrer, nu er vi enderlig kommet til

desserten. Og de er en meget internationel dessert. I

bunden finner du dansk is fra Hansen, laved på flöde og

ægte Madagaskervanilje med jordbær og mørk

chokolade.

Naaj, va er den go!

SKÅNE

I nesta lagör glass hittar ni harlig skånsk Engelholmsglass.
Den är skaupad med inspirasjeon från di göula böljande
rapsfälten, som äe så öutmarkande för väårt bördiga
landskap i södra Svärige. Engelholmsglassen äe tänkt å ge
svalka till ströupar som harjats av starka varor och häeta
kryddör.

HALLAND

Så har vi blandat ned en mjuk och sääskilt mild soat -
nämligen SIA-glassen från Slöinge vid Hallandsküsten -
näämare bestämt mellan Falkenberg och Halmstad. Det är
familjen Stenström, som ägt Bäte kvan i Slöinge i 13
generationer och som staaatade SIA-glass 1961.

GOTLAND

Å eäfte de Geuteglass. Alla töisa å soårka gilla´ Geuteglass
allre beäst. Ja, när summar´n kommar, får torista
eogleauge, fordi alle keiker efter geuteglassen.

SMÅLAND

Sen komme vi å bli vase en kääv smak av det lite dröjgare slage´ och de´ e´ en ynka klick kalmareitisk glass. Di var så snääla där nere i Smääland, så de´ blev ente mer än sää – så de´ ente blev. Men dom ville gäna ha leite så kallad feed-back från den som lyckas häleda den kalmareitiska glassen – så dom ville.

GÖTEBORG (i: = ett i med "vibration" på slutet)

Osså glass med lite klös i: Den köpte vi: på Lejonet och Björnen på Danska Vägen i: Göteborg. Ja, de har faktiskt en li:ten, exklusi:v tillverkning kvår där och vi lyckades få några smakprov i: utbyte mot en Kålle- och Adahistori:a.

ESKILSTUNA

Och ovanpå glassen från Lejonet och Björnen-e hittar ni lite prässad Smea-glass från Eskilstuna-ä – den så kallade Radermacherglassen-e.

ÖREBRO

Vi: hörde efter om man kunde göra li:kadant i: Örebro ...
men di: sa bara *Uj, uj, uj, de´ går alri:*

NORGE

Så vi begynte en reise till nabolandet vårt och fick da
norske slickepinner som vi skraa:pade isen av på den
måten att den blanne sej med dessertisen och schlikt blev
den da akkurat en ekte paen is.

KARLSTAD

Män i Karlsta´ sken sola så att glassen smälte. Så vi köpte
Zätterlunds glass frå Hagförs iställe´. Och den va´ minst
lika go´ dän!

DALARNA

Och <u>Zät</u>terlunds glass blanda´ vi med några kulor från
Dalarna. Där slickar man gärna i sig glass, närhälst de
kurrar i magen. Och sän skulle vi försöka få tag i så´n där
08-glass, som spridit sej som farsot i hela lande´.

STOCKHOLM

Men inte en kotte fanns tillstedes. Dom hade övergivit
storsta´n och steppat ut i geografin för å flukta på
blommor och liknande å tatt me sej massäck med lite
krubb och en blajja bludder.

PITEÅ

Så vi for som norrut, där man kan lita på folke´. Ja, så näst-
översti så ligg´ då den eftertr<u>a</u>ktade Pite-gl<u>a</u>ssen me´ äkta
palt-smak.

FINLAND

I det allra översta lagre´ den finska Ruunebergsglassen
med smak av tango och Koskenkorva. En tjänd sångerska
från Finland avslöjade en dag för mig att det är jost
Ruunebergsglassen hon tänker på, när hon tjunger *Ja, vill
tacka live´.* Det berättas att Ruuneberg tjälv åt den en
gång ... ja, det var så sant ... sedan dog han ju.

GYMPA

- Halv nio!?

- Javisst!

- På semestern!?

- Ja, det är en fin början på dagen, må du tro!

Lite nyfiket presenterade vi oss för de tokiga människorna
i skilda åldrar, som stod på stranden och väntade på att
gympan skulle börja. Med glada miner och på olika
dialekter välkomnades vi in i gympagänget. Sedan var vi
fast.

Gympastund har guld i mun

När morgonen ännu är ganska kort

och daggen på marken nyss torkat bort

och solen makligt stigit ur badet

och vågorna vaknat ute i havet,

då myllrar skogen av sommarens gymnaster

på väg ned till stranden - glada fantaster.

De bär och kånkar, nickar och ler

god morgon, god morgon, i dag får vi mer

av härlig motion och stärkande dopp

frukost och samtal, skratt och nytt hopp.

Blicken räcker långt och på oss väntar stranden

musiken börjar spela från bandspelar'n i sanden.

Med glada läten

går fröken i täten

och sparkar med benen, armarna svänger

vi koordinerar, härmar och kränger.

Vi twistar och hoppar och stönar,

stretchar, skrattar och bönar

och då får vi lägga oss ned och spänna av

till ljuvlig musik och släppa alla krav.

Sen ett dopp i havet det kalla

och frukost på klipporna med kaffe och fralla.

Morgongympa med fröken Gun

(kan sjungas på melodi *Turistens klagan* av Cornelis Vreeswijk)

Alldeles just vid kanten av Glassvikens sköna strand,

där kan man få se typer som rör sig lite grand ibland,

en som sparkar bort i otakt och en som gungar lite snett,

en som rör sig ganska långsamt för han är både mätt och svett.

En som är sur i bena och en som gärna ligger kvar,

en som bara rör den ena av armarna som hon har,

en lyser röd och glad och för henne går det ganska lätt,

hon är ju våran fröken och vet hur man ska göra rätt.

Ibland måste nå´n få hjälp med att böja på sina knän,

ibland ser man sköna barn-barn som leker kring allas ben.

Att gympa har blivit något som alla både kan och vill,

gympan är social och så rolig att längta till.

Arla stund
(kan sjungas på melodi *Emma* av Tapio Rautavaara)

Det tisslar i snåren och tassar i spåren

på väg ned mot havet och Glassviks strand.

Väl komna till åren med gråsprängt i håren

syns entusiasterna myllra fram.

Gympa, gympa från äng och lund

hörs lovsången klinga i arla stund.

Gympa, gympa från varje mun

hörs *gympa, gympa* var morgonstund.

I språng och i vila ses gymparna smila.

De trivs tillsammans och har det bra

I värme och kyla hörs gymparna yla

Gympa är nödvändigt varje da.

Tidig morgon
(Kan sjungas på melodi: *Orgeln på vinden* av Alf Hambe)

En tidig morgon vakna´ jag och hörde hur det sjöng,

det kom väl från en radio någonstans,

himlen var så klar och solen sken, så jag steg upp.

Kanske drömde jag att sångens toner fanns.

Jag följde stigen ända ned till havet som låg blått

och ljungens lila blommor stod i ljus

och där i sand och gräs som ännu glittra´ lite vått

fick jag se en munter skaras morgon-rus.

Där står en fröken i mitten av ett bugande gäng,

hon går och böjer och skiner som en sol,

hon studsar fram och tillbaka i ett flygande fläng.

Här vill jag fortsätta gympa som i fjol.

(... och refrängens melodi även i nästa vers)

Och jag ska nå alla äpplen, jag vill gunga mig bort,

jag kan maja och nudda mina tår

Och jag kan stå som en planka i en stund som är kort.

Jag är en lycklig och vältränad senior.

HUS

Ett hus är något väldigt personligt. Huset ska värna om människorna som bor där. Det ska vara en symbol för trygghet och glädje. Ett hus kan bära på spännande historia och underbara hemligheter. Det sitter i väggarna.

Ett vanligt hus

Det var en gång ett skröpligt hus

som låg så rart vid vägens grus.

Sen kom hon och han en da´,

hon ropade förtjust och sa:

Här, min gubbe, vill vi va´.

Jaha, sa han, *då ska jag ta*

och bygga om och fixa till,

så att vi får det som du vill.

Och han till att snickra och fixa

och hon till att måla och trixa

och snart stod huset vid slutet av vägen

lycklig, förundrad och lite förlägen,

för aldrig hade väl huset trott,

att det en gång skulle bli bebott

av så rediga och glada personer

med så roliga och fyndiga fasoner.

Ett älskat hus

Huset har alltid klätt henne väl

och hon har klätt huset och gett det en själ.

I drygt femtio år har de tagit hand om varandra,

den ena skulle aldrig överge den andra.

När hon öppnar grinden och går gången fram,

viskar huset *kom i min famn.*

Huset är förtroget med hur hon rår

och hon känner sig trygg i husets alla vrår.

Huset ger skydd, när hon känner sig skör

och när hon en gång blir gammal och dör,

får barnbarnet ta över

för huset behöver

någon som vet och kan berätta,

någon som rätt kan värdesätta.

KÄRLEK

Kärlek består inte i att stirra på varandra utan i att tillsammans skåda i samma riktning.
Antoine de Saint-Exupéry (1900 – 1940) fransk författare och flygare

Alldeles nära

När du är alldeles nära, önskar jag att tiden stod still.

Då kan jag vänja mig sakta och komma dig tätt intill,

förnimma din hud, lätt beröra min egen,

känna mig stark och lite förlägen,

vila i visshet och le i ro,

ge mig hän i tid och tro.

Det brinner en eld

Det flammar och brinner en eld i mitt hjärta.

Den hettar och härjar, ibland är den svag,

den frågar inte alls om jag tål den smärta,

som svider av försmåddhet, ibland av behag.

Nära

Nära, nära kan jag snudda
mina läppar vid din kind,
känna ömheten och glädjen,
när din hud vill nudda min.

Våra viskningar kan kittla,
fantasin kan segla bort,
våra blickar möta sanningen
och stunden känns för kort.

Du är min bästa vän
och jag vill leva länge än,
se dig glad och fri,
nynna rörd vår melodi.

Jag vill kunna ge dig kärlek än

och ändå älska vänskapen.

Den gör mig glad och stark och fri

och sköljer bort min ängslan inuti

När du sover vill jag finnas

nära, nära, tätt intill

hålla om dig tyst och minnas

varje rynka som blev till.

Dina lugna andetag

smeker tyst min mun

och mina fingertoppar

leker i ditt hår en stund.

Du är min bästa vän

och jag vill leva länge än.

Som närheten till dig

Som solens strålar livet väcker

som glädjen när blommorna marken täcker

som vågornas rytmiska lek mot strand

som barnet tar sin moders hand

som luften när den skälver av stillhet och värme

som elden i brasan när man kommer närmre

som ystra språng när en fölunge hoppar

som våren när den andas och träden bär knoppar

som en mänska blir rörd och ödmjuk ibland

som ett ivrigt barn bygger sandslott på strand

som vinden när den leker

som handen när den smeker

som närheten till dig min älskade vän

Tätt tillsammans

ömhet   värme

närhet   nudda

sakta   viska

andas   fnissa

skälva   naket

skört   och   varligt

vänskap   länge

akta   leva

snudda   mjukt

längta   vilja

lyssna   blunda

blossa   flämta

tätt   tillsammans

opp   tillsammans

lyfta   hetta

hålla om och bara

Älskling

Älskling kan klinga falskt, när benämningen används för att förmildra en elak kommentar eller en giftig anmärkning. *Älskling* får ibland agera som ett hånfullt redskap för att rättfärdiga en frän skottlossning.

- Älskling klockan är fyra redan
- Ja, ja, jag får väl fortsätta sedan

- Älskling, det där blev ju inte så bra!
- Men älskling, jag gjorde ju precis som du sa.

- Älskling nu har du slarvat med disken
- Ja, alltid är det något, det är det som är risken.

- Älskling du pratar så högt att det stör
- Älskling vad du tjatar om det i ett kör.

- Älskling chipsen var goda har vi några fler?

- Älskling du med din mage ska inte äta mer.

- Kan man få en liten puss av sin fruga?

- Älskling en klapp på kinden får duga.

- Kan vi inte vänslas i bingen en stund?

- Älskling nu måste du gå ut med vår hund.

MILJÖN

Här vill jag bara skriva: Greta!

Begagnat

Förr var det skamligt att handla begagnat,

nu är det modernt för då har man gagnat

jordens resurser och växter och djur.

Ibland kan det slumpa sig så att man har tur.

Ja, den som har ont om ekonomiska resurser

kan klä sig modernt och slippa konkurser.

Miljövänligt sinne

Nu ska vi inte längre köpa nytt

utan helst nåt gammalt som redan är bytt.

Det värmer gott i miljövänligt sinne,

att det som var ute nu är inne.

Vatten 1, dricksvatten

Att dricka vatten från en kran

är som en hälsosam orkan

för både kropp och miljö,

så var snäll och säg adjö

till vatten från affären,

var rädd om atmosfären!

Vatten 2, toalettvatten

Det enda man får slänga i toan hos oss

är kiss och bajs och toapapper förstås

Det sa David när han kom hem

och då var han ändå bara fem.

Själv stod jag just i färd med att slänga

en bomullstuss, då jag såg honom blänga

och hytta med fingret och hörde hans förmaning

och sen dess är jag försiktig och tänker på hans maning.

Vatten 3, hav och sjö

Hav och sjö

håller på att dö.

Många i världen har länge trott

att livet i havet inte har berott

på människans beteende,

nej nästan överseende

har man skyllt på naturens gång

och det har blivit till stort förfång

för hav och miljö

och vatten och sjö.

SÖMN

I en engelsk grammatikbok från skolan fanns en
information, som jag fortfarande minns: *One hour of sleep
before midnight is worth two hours of sleep after
midnight.*
På nätet läser jag: Sömn är kroppens sätt att låta hjärnan
återhämta sig. När du sover går kroppstemperaturen,
pulsen, stresshormonerna och blodtrycket ner.

När du sover

Så utlämnad och skör,

du känns så ömtålig, du rör

en ton i mig, jag ligger nära dig,

vill skydda ömt det bräckligt, sköra,

hålla om och lätt beröra,

bara ligga nära,

röra vid och bära

det som tynger dina dagar,

sjukdomen som jagar

i din kropp, som inte vill,

jag vill finnas dig intill.

Wenn Du schläfst

So ausgeliefert und zerbrechlich,

du bist so zart und für mich unerlässlich

du berührst einen lieben Ton in mir,

ich liege nahe dir,

möchte zärtlich das Zerbrechliches schützen

dich liebevoll halten und unterstützen,

bloß nahe liegen, deinen Kummer tragen

deine schwere Krankheit wegjagen

stattdessen lustige Geschichten erzählen

und alles was schwer ist wegwählen

von schönen Erinnerungen zusammen träumen

und süße Lappalien im Leben nicht versäumen.

Maken snarkar hämningslöst

Han bullrar och brusar,

snörvlar och snusar,

piper och pyser

och svalget liksom nyser.

Läpparna fladdrar

gomspenen laddar

luften vibrerar

mjuka gommen galopperar

och plötsligt exploderar

allt.

Och det blir tyst

men bara en sekund,

för i nästa stund

går det hela i repris.

Vilken nattlig kris!

Somna

Har du svårt att slappna av och kunna somna?

Spänn och släpp och låt kroppen domna,

fötter och ben, rumpa och rygg

vilar tungt och kroppen känns trygg.

Tungan tappar taget i gommen,

käken faller och hela stommen

känns angenämt slapp,

snart är den ikapp

med sömnen som närmar sig,

vakenheten fjärmar sig.

Huvud, axlar, armar och händer

vilar snart i sömnens gränder,

dina jämna, lugna andetag

fram och tillbaka som penseldrag.

Tankarna släpper dagen som var

lyfter och svävar utan frågor och svar.

Nu sover du snart, behöver inte förklara

ord och tankar blir ogripbara.

NATUREN

Tillbaka till naturen är ett uttryck, som skulle kunna sammanfatta de filosofiska insatser som gjordes av Jean-Jaques Rousseau (1712 – 1778), schweizisk-fransk författare, filosof och politiker.

Rousseau ansåg att vetenskapen och teknikens utveckling utövade ett dåligt inflytande på mänskligheten. Människans liv blev för var dag alltmer artificiellt och mer och mer förlorade hon kontakten med sitt ursprung. När vi nu - nästan 300 år senare – blivit varse naturens känslighet är detta uttryck fortfarande aktuellt och även om Rousseau bara avsåg människans förfall och inte naturens, så gäller väl uttrycket i dag både människan och naturen?

Gökotta på Guds gröna ängar
(kan sjungas på melodi *När Lillan kom till jorden*)

På Guds Gröna Ängar är luften alltid hög och klar

och morgonstundens guld dröjer än i glaset kvar.

Vår sång vill hälsa våren och sommaren som nalkas snart

och nu i gröna snåren var strupe svalkas rart.

Plocka bär

Vi plockar hallon och blåbär stora och små.

De flesta ned i korgen men i munnen då och då.

Ibland ramlar någon plötsligt omkull,

så att hela hinken som nyss var full,

ligger där tömd på alla sköna bär,

de nyplockade, goda som skulle bli dessert.

Men den som är finurlig stoppar i sig alla bär

och kan ramla hela tiden och har ändå fått dessert.

Barfotavärme

Vinter, mörker, evig väntan,
kallt och tyst, en ständig längtan.

Men så en dag har vi sommaren här
med barfotavärme och ljus,
drömmar som seglar för slör bland skär,
kvällar med himlaljus.

Knastrande grus under cykeldäck,
utflykt mot okända mål,
fåglalåten som springer läck,
kvällar på strand med bål.

Ja, en dag kommer sommar'n igen
och viskar en hemlighet,
skrattar och dansar och leker sen,
tumlar omkull i knäet.

Kysser dig, smeker dig, blinkar och ler,

lurar dig att spela spratt,

tar lite grönska av livet och ger

ljumvindars sommarnatt.

Solsystrar

Säg lilla fröken, det lyser i kröken

på väg ned till stranden

och havet som blänker.

Kan det vara solen,

som spritter av glädje

så ystert att strålarna stänker?

Min unge man,

det händer ibland,

att ljuset och värmen spelar ett spratt.

Det som ni ser

är kvinnligt manér.

Det spritter av glädje och glada skratt.

Ladugårdsidyll i Mörhult

Tyst och rofyllt sveper kvällen

Mörhults gård i mörka fällen.

Uti lagår´n dåsar djuren,

mjölkmaskinen drar i juvren.

Stora tuggor,

lata suggor,

mjölken varm,

spannalarm.

Lukten tjock,

välkänd och trygg,

flugeflock

på kossans rygg.

Tyst och rofyllt sveper kvällen

Mörhults gård i mörka fällen.

Es glitzert
(Kann mit Melodie *Heidenröslein* von Franz Schubert
gesungen werden)

Seh´ wie blau es glitzert da am Meer

und das warme Licht

färbt die reifen Kornfelder hier

safrangelb, die Halme stehen dicht.

Die Zeit ist still, die Luft duftet himmlisch,

Weite Landschaft öffnet den Sinn,

leise streichelt lauwärmer Wind.

POLITIKEN

Den demokratiska politiken innebär att ett fåtal som har
valts av många bestämmer över många. Den diktatoriska
politiken innebär att ett fåtal själva har bestämt att de ska
bestämma över många. Politik är både känsligt och
vanskligt. Det är nog lätt att glömma att man
representerar andra människor och i stället börja tänka
och handla efter egen vinning.

I stället för sanning

I stället för att säga hur man själv vill göra

går all energi åt till att förgöra.

Anfall är bästa försvar,

när man själv inget hållbart har.

Vi vill

Vi vill ha politiker, som tror på vad de säger,

konstruktiva kritiker, inga svekfulla lakejer!

Anpassat

Först ska vi fråga vad folk vill ha,

sen får vi se vad som passar bra.

Det ska passa de allra flesta förstås,

så att de allra flesta röstar på oss.

På fyra år vill vi få tillbaka

allt som partiet har måst försaka.

Sedan gäller det att gömma incidenter,

smeka medhårs på alla tidnings-skribenter.

Det ska se ut som om vi vill allas bästa,

så nu får vi både chansa och testa.

Skatten ska vi sänka eller också höja,

de gamla ska vi vårda eller undanröja,

skolan ska få många fler resurser,

åtminstone några basala kurser.

Vår framtid kan vi se som mörk eller ljus

men vi börjar med det viktiga: Ska vi ha snus?

I stället för att säga

I stället för att säga som det faktiskt är,

pratar man om hur det ser ut att vara.

Man lägger mer energi på en svag chimär,

än på ärlighet, ansvar och på att förklara.

Farliga politiker

Det måste finnas en gräns

för politiker utan kompetens!

De är lätta att truga,

kan prisa och buga

och stå i givakt

för andra som har makt.

Deras löften och ord väger alltför lätt

och det som var fel är plötsligt rätt.

Demokratin är de beredda att gäcka,

de är farliga, falska och fräcka.

Förbryllande politiker 2018

En förbryllande höst,

när ingen kan regera,

vi har gett vår röst.

Kan ingen relegera

Lindelöv och Björkelöv och alla andra stollar?

Vi vill ha en hen, som vet hur man trollar

med landets medel och förstår hur man har koll,

så att inte resurserna läcker som ett såll,

så vård och skola, miljö och migration

får en hållbar kraft och rättvis proportion

och helst en hen som visar humor och förnuft

och medmänsklighet för dem som har det tufft

och gärna en hen som kan ge oss en jul

utan propaganda och stress och strul,

en som förstår att trygghet och frid

är motsats till rädsla, bråk och strid,

en som förmedlar glädje och värme

som elden i brasan när man kommer närmre.

PÅ SKOJ

"Ett gott skratt förlänger livet" brukar man säga. Leif Salford, seniorprofessor i neurokirurgi vid Lunds universitet bekräftar detta. När hjärnan är lycklig stimuleras immunförsvaret. Barn skrattar i genomsnitt 400 gånger om dagen och vuxna ler och skrattar bara 15 gånger om dagen. Man behöver inte gapskratta för att må bra. Det kan räcka med att det spritter till i kroppen eller tanken.

Några av verserna här kan man röra sig till, när man behöver en paus från stillasittandet eller bara vill ha roligt.

Bagare Blom

Bagare Blom

badar i Rom,

badbyxor på,

gula och blå.

I lunkan

Prång i lunkan

pricka braxen

bräcka brinken

bort i Hej.

Kling

Kling och klang och klunk i glasen,
glana och glina och glo på kalasen.

Prisade präster

Prisade präster
pressade priser
på prima primörer
med praktiska parlörer.

Knuffa mig

Knuffa mig hit
och knuffa mig dit,
knuff på dig själv
din glade skit.

Nudda, klia, klappa, stampa

Nudda dina tår och klia dig i roten

Klappa dina lår och stampa med foten

Armarna uuupp och uuut och neeer

Nig och bocka så var det inge´ mer.

Häl och knä

Häl och knä och vad och lår

Mage, höfter, axlar, hår.

RELIGION

Den som är religiös har en tro som grundar sig på
föreställningen om en eller flera gudar, andar,
övernaturliga fenomen eller själavandring. Gudarna anses
vara skapare och oändligt höjda över allt jordiskt.
Somliga människor tycks känna sig höjda över allt jordiskt.

Guds beväringar

Många är de själar

som i religionen får sin näring.

Många är de trälar

som i Guds namn gör beväring.

De religiösa

Att rätt tjäna kyrkan

verkar omänskligt svårt,

inte många har styrkan

att se livet som "vårt".

En del religiösa har väl särskild rätt

att se på sig själva på ett särskilt sätt.

Hallelujah

Hallelujah, vi är här nu,

höj din blick så ser du oss

i en högre atmosfär du,

så följ med och kasta loss!

Vi ska leda dig till ljuset,

kärleken är överallt,

öppna hjärtat och känn ruset,

när du når en ny gestalt.

Se på oss och gör som vi,

vi är utsedda för dig,

vi har upplevt stor magi,

Hallelujah vilken grej!

R E S A

"Den som har gjort en resa har något att berätta"
Under en resa öppnar vi våra sinnen och får nya,
spännande intryck och tankeställare. Resandet gör oss
nyfikna och mottagliga för andra människors sätt att vara.

När jag reser tycker jag det är spännande att lägga märke
till hur andra människor lever, pratar, umgås och förhåller
sig tillvarandra. Jag blir en betraktare, när jag reser. Visst
är själva livet en sorts resa? Jag brukar smygbetrakta och
tjuvlyssna på folk. Jag blir en betraktare i livet också.
Kanske är det risk för att jag inte lever mitt liv lika intensivt
som andra, om jag står vid sidan om och betraktar? Men
jag kan inte låta bli. Som barn flyttade jag mycket. Jag
bytte klass och skola varje år. Då går det åt mycket energi
till att betrakta. För att bli accepterad vill man helst vara
som alla andra, när man är barn. För att kunna koden,
måste man betrakta och lyssna – smygbetrakta och
tjuvlyssna.

Med flyg

I flygplanet är det så knappt och trångt

men visst, man kommer både snabbt och långt.

När man äntligen hittat sin plats och satt sig ner,

så hinner man just inte mycket mer,

förrän man är framme och anar en saknad utan ord

Själen - gick inte också den ombord?

Im Flugzeug

Das Flugzeug ist so klein,

man kommt ja fast nicht rein.

Wenn man sich endlich eingequetscht hat,

fliegt man so geschwind von Stadt zu Stadt,

dass man am Ziel seine Seele sucht

und fragt sich; hatte sie nicht auch gebucht?

Med tåg

Att åka tåg är riktigt angenämt,

man sitter så lugnt och har det bekvämt,

naturen växlar och tankarna med,

tiden går långsamt och skönt är det.

Medresenärerna kommer man nära,

för de pratar i mobiler och då kan man lära,

hur andra tänker, längtar och önskar

de egna tankarna lyfter och grönskar.

En del stiger av och nya stiger på,

det blir lite omväxling då och då,

rytmen dunkar i rälsen så rart,

med tåget reser man i maklig fart.

Mit Zug

Mit Zug zu fahren ist angenehm,

man sitzt so ruhig und auch bequem,

der Blick genießt die abwechselnde Natur

und nützlich langsam geht die Uhr.

Mit Zug zu fahren ist angenehm,

im Zug ist es meistens kein Problem

fremde Leute kennen zu lernen,

sie plaudern nämlich mit Freunden aus Fernen.

Durch ihre Handys erzählen sie,

was sie wünschen und denken und wie.

Dabei kann man nützliche Erfahrungen machen,

reflektieren, überlegen und sogar lachen.

På flygplatsen

Tvåhundra kronor och fem tillbaka

för en smörgås med räkor och kaffe utan kaka,

ett vingligt bord och en miniassiett,

det är svårt att skära och mackan hamnar snett.

Bordet kränger och räkorna far.

Som tur är finns det ändå några kvar.

Försiktigt, försiktigt – en räka i sänder,

hon siktar med gaffeln, det är då det händer.

Gästen bredvid stöter till hennes bord,

det var nära att han glömde att han skulle gå ombord.

Oj då! Förlåt! Vilken tur! Jag hinner!

Han kastar sig mot gaten, medan kaffet rinner

ut över räkor och ned på stolen,

hon reser på sig och tittar på kjolen

- *Det där bordet måste ni ju laga!*

- *Ja men nu e´re så att de e´ inte ja´ va´.*
  Flygplatsen står för all möblering,
  vi bara hyr och har vår servering.

Beklagar förseningen

Tekniskt fel på planet till Nice!

Sterling beklagar djupt denna miss.

Jamen det kanske inte är hela världen,

vi vänder tvärt och styr stegen mot flärden.

Foundation och krämer, puder och fniss,

den försenade resan en rimlig kompromiss

och förresten bjuder loungen på ost och vin,

kaffe och smörgås och miljön är ju fin.

Det finns bara en enda damklädesaffär

men det finns väldigt mycket att köpa där.

Tillbaka till loungen och mera vin,

vi skålar igen med glättig min.

Ännu en runda till butiken med kläder,

nu är vi rustade för alla väder.

Räkor och vin efter fem timmars väntan,

ska resan till Nice stanna vid längtan?

Vinet i loungen tar aldrig schlut

och vi tappar snart både sting och krut,

glider sakta i soffan av skinn

ögonlocken tynger och magen är stinn.

Efter sex timmars väntan får vi veta att snart,

snart är det dags för uppbrott och start.

Till kvällen ombord på planet klev vi,

nio timmar försenade blev vi.

RÖSTEN

Rösten låter från stämbanden i struphuvudet och när man artikulerar och formar rösten (ljudet) med hjälp av talorganen i munnen, så blir orden till. Rösten kan vara ljus eller mörk, gäll, knarrig, klämd, läckande, hes eller pressad. Rösten kan säga mycket om hur du mår och den mår bra av att få träna. Rösten bor i kroppen. I en kropp, som är stel, blir rösten stel. I en kropp, som lever och rör sig, lever rösten och berör.

Röstgympa med kroppen

Låt rösten få skjuts av musklerna i magen

som om du skulle ropa på kossorna i hagen.

Njut av att hojta, ropa och sjunga,

låt kroppen hjälpa till, vifta och gunga!

Prova din vackra röst med *Hallå!*

Hallå, hallå, hallå!

Kolla himlen, den är blå!

Röstens elegans

Elegans, dynamik,

pregnans och plastik,

briljans och komik,

balans och mimik.

Tyngden i kroppen,

brisen i knoppen,

ingen forcering,

bättre frasering,

njut av pausering,

räds ej justering!

Rösten i kroppen

Rösten ska flöda i smidig nonchalans

och kroppens hållning ge en mjuk elegans.

Vokalerna kan ges en spänstig svikt

och gesterna är av största vikt.

Kroppen ska röra sig avspänt och drivande,

blicken ska möta nyfiket och givande.

Röstgympa

Om din röst är lite svag

sjung och nynna varje dag.

Då kan rösten höras bra

och ingen frågar dig *vasa?*

Röstråd i förkylningstider

Prata sparsamt och drick mycket te,

sov och vila ofta!

Lyssna på musik men sjung inte me´!

Ta på dig en värmande kofta!

Att viska är skadligt för rösten faktiskt

och i telefon kan det vara riktigt praktiskt

för att inte säga rent profylaktiskt

att inte prata något alls

möjligen humma långt ned i din hals.

Och måste du ändå säga nånting,

så gör det med gester, rör dig i sving,

för rösten mår bra av att få lite skjuts

med hjälp av armar, händer och stuss.

En dryck som lenar i halsen

är "vatten- och bubbelvalsen":

Ta vatten från kran och låt det koka,

blanda till exempel med kylskåpskall Loka.

Hälften av varje blir rätt temperatur

för röst och hals, en lenande kur.

Dessutom har drycken samma PH-värde

som slemhinnorna i halsen säger de lärde.

SEX

Sex appeal är till femtio procent vad du har och till femtio procent vad andra tror att du har.
Sophia Loren (f. 1934) italiensk skådespelerska

Finns det något ämne som varit så outtömligt och tacksamt som sex, när det gäller att skämta?

Varför är flickor roliga utan kläder?

Vafur är flikor roliga utan kleder?

det var den första mening som dottern skrev.

Hon ritade bilder från reklam och medier

och då först såg jag att världen är skev.

Där fanns nakna flickor i alla stilar,

på muggar och glas och koppar,

i broschyrer, på plakat och hus och bilar,

stående, liggande, nakna kroppar.

I en penna som man vickade fram och tillbaka
flöt en avklädd flicka hit och dit,
i en glaskula med snö som man lätt kunde skaka
låg en naken kvinna i snön som föll vit.

I ett askfat av porslin låg en flicka utsträckt.
Hennes ben stack upp ur ett hål och kunde vicka,
hon låg där och log i askan som var utsläckt,
en naken och fimpad och frusen flicka.

There was a young lady

There was a young lady from the Farmer´s bay,

who said to a lad: *My darling, you may.*

But since the bed was creaking

and since her husband was sneaking,

they went to the barn and loved in the hay.

There was a young lady from Green Village Park,

who preferred to do it when it was dark,

so at the office one day,

when the boss was away,

she pulled the curtains and fucked a clerk.

There was a young lady from Mountain way,

who liked to do it when bathing in the bay.

She made it to a sport

with boys of every sort

and she always ended up by shouting *hurray.*

There was a young lady by the name of Beth,

who was lisping so badly that s became eth.

Whenever she loved she was silent,

even if her feelings were violent.

When the lads asked why, she just said *gueth.*

There was a young lady from Animal Island,

known for her sensible hand and smile and

so she met a guy on a cliff,

but since he could not get it stiff,

she took it in her hand and said *I can.*

There was a young lady from Babel

who said *I don´t think I´m able*

but I´m willing to try,

so where shall I lie,

on the bed, on the floor or the table?

VÄNSKAP

En vän är den som vet allt om dig och ändå tycker om dig
Elbert Hubbard (1859 – 1915) amerikansk författare

Vänskap måste vårdas med kärlek och tålamod, tilltro, överseende och humor. En äkta vänskap är bland det vackraste och starkaste som finns.

Det sjunger

Visa din tillit, ditt äkta och sköra

och du ska märka hur vänskap kan röra

de vackraste toner som sjunger i dig,

en sällsam glädje som sprider sig.

Girlfriends on vacation

We were singing on vacation

and laughing and talking.

We were cooking on vacation

and eating and walking

and it was thawing and it was sunny

and none of us did miss her honey.

We relaxed on vacation,

we were reading and knitting.

We had dreams on vacation

and were happy to fit in

our souls and our wrinkles.

Life does smile at us and twinkles.

Kära vänner

Kära som är vänner och vänner som är kära,

skratt och gråt och skörhet är nära,

allt kan den sanna vänskapen bära.

Den första gång jag såg dig
(kan sjungas på melodi Beatrice Auror)

Den första gång jag såg dig var i skolan någonstans

och du var lätt att älska för i dina ögon fanns

en värme och ett skratt,

som var så äkta och så glatt

och jag förstod

att en som log

så rart och underbart

är gott att ha till vän,

det var som om för länge sen

vi känt varandra väl

och hade en och samma själ.

Die Wellen

Ich saß allein am Strand und dachte,

merkte plötzlich, dass ich lachte.

Die Wellen kamen freundlich auf mich zu,

es war als wäre jede Welle Du.

Die Wellen haben meine nackten Füße

gestreift, als wäre Wellen Küsse.

Es war September und das Wasser war eigentlich kühl,

trotzdem wärmte es und gab ein inniges Gefühl.

PANDEMIN

Under våren 2020 kom den. Den härjade över hela jorden.
Den skördade människoliv och lämnade smärta,
fattigdom, förtvivlan och outhärdliga minnen efter sig.
Den kröp in i varenda människosjäl och skrämde,
förstörde och stal. Varenda människa i världen vet vem
den var – Coronan.

Jul med Corona 2020

Plötsligt är jag liten och känner mig bräcklig,

jag har blivit skör och otillräcklig,

måste hålla mig undan allt socialt

och det som annars är så kolossalt

berikande och oumbärligt

är nu farligt, förbjudet, förfärligt.

Det som nyss var alldeles normalt

har vänts upp-och-ner och är katastrofalt.

Umgänget med vänner sker digitalt

och med barn och barnbarn högst minimalt,

alltid på distans, det känns så brutalt.

Det som är viktigt blir så uppenbart,

men – det visste jag väl redan – ja, det är väl klart?

Eller for jag fram för fort i livet?

Tog jag det dyrbara bara för givet?

Det är som om jag mitt i allt det komplexa

har fått mig en livets kloka läxa.

Jag är glad och tacksam för det jag kan ändå

läsa, skriva, tänka och förstå,

lyssna och sjunga,

glädjas åt de unga,

prata, diskutera

fnissa, fantisera,

samlas med familjen utomhus,

grilla korvar och äpplen i eldens ljus,

skratta och berätta och när ljuset ger vika

sitter vi tillsammans och känner oss rika.

Så mitt upp i allt har jag det bra

jag tänker på alla som inte kan ha

en jul med glädje, mat och värme

som elden i brasan när man kommer närmre.

Corona- Weihnachten 2020

Plötzlich bin ich klein und fühle mich zerbrechlich,

die Welt ist auf einmal so unaussprechlich,

die Gefahr ist launisch und die Welt ist verdreht,

die Meinungen sind geteilt aber niemand versteht.

Heute ist mit einmal so vieles katastrophal

und gerade das war ja eben höchst normal.

Der Umgang mit Freunden ist nur digital

und mit Kindern und Enkeln bloß minimal,

immer mit Abstand das ist so brutal.

Was wichtig ist wird plötzlich so offensichtlich

aber das wusste ich wohl schon – oder stimmt das nicht

richtig?

Stürzte ich durch das Leben viel zu schnell?

Habe ich Alles als selbstverständlich betrachtet

und nicht genug darauf geachtet?

Es ist als bekäme ich inmitten all der Komplexität

eine kluge Lektion, ein brauchbares Gerät.

Ich bin glücklich und dankbar für alles was ich kann

lesen, schreiben, denken, verstehen und dann

auch zuhören und singen

anderen Freude bringen

plaudern, diskutieren

lachen, fantasieren.

Mit der Familie draußen im Stillen

Würstchen und Äpfel am Feuer grillen

und wenn das Licht dem Dunkel nachgibt

ist die Stimmung mächtig,

wir sitzen zusammen und fühlen uns reich

und andächtig.

So mittendrin geht es mir gut und ich lebe wohl

und ich denke an all diejenigen die gleichwohl

kein Weihnachten mit Freude,

Essen oder Wärme bekommen

wie das Feuer im Kamin wenn wir näherkommen.

Folkhälsomyndigheten anropar 2021

Nu är det jul med pandemi igen

och vi får bete oss lite på känn,

hälsa ibland,

inte ta i hand

utan sparka på varann

och le lite grann.

Munskydd kan du välja att bära,

om du tycker att du kommer för nära.

Var och en gör som den tycker,

allt efter infall och egna nycker.

Anamma förslagen om du tycker det känns rätt

men känn inget måste, utbudet är brett

fast går du på café med bara en dörr

får du inte göra som vi gjorde förr

Där ska du nämligen sitta allena

för sociala sällskap vill FHM förmena.

Undvik till exempel en onödig vän

(man undrar ju faktiskt vad det är för en).

Under vissa premisser får du resa bort

och då ska resan vara ... eh ... ganska kort.

Myndighetens riktlinjer för utomhuslekar

är i alla fall tydliga, så om du tvekar:

Krocket är okej för alla pensionärer

och de, som inte kan, får vara funktionärer.

Nu får vi hoppas att folks egna lagar

visar hänsyn och klokhet så ingen klagar

och att alla får en jul med glädje, hopp och värme

som elden i brasan när man kommer närmre.

Men ändå … julen 2021

Efter en oviss tid som nästan förlamar,

längtar vi mycket efter närhet och kramar

men nog är det så,

att vi kanske ändå

vill fundera på,

hur det kändes och så

och vad vi gjorde då

förutom att gå

och gå, gå, gå.

Något förändrades inuti,

något blev till och med som magi,

en annan och lugn och trygg energi,

ett möte med tankar en slags melodi,

en rytm och ett tramp,

där varje stamp

blev en tacksam reflektion

till kroppens funktion

och till livet och tron.

Kanske tar vi tillvara på

något av allt vi upplevde då,

något som hjälper i julen som stundar,

när pandemin är tillbaka och vi begrundar,

hur lite vi rår

över vad vi förmår

och vad som ändå består

och ger oss glädje, hopp och värme

som elden i brasan när man kommer närmre.

ÅLDERDOM

Att åldras är inte så illa, om man tänker på alternativet
Maurice Chevalier (1888-1972) fransk sångare och
skådespelare.

Ska man sörja över att man blir gammal? Kan man glädjas
över att bli gammal? Det beror kanske på *hur* man blir
gammal. Man får se till att leva även som gammal!

Födelsedagsvisa till en ny pensionär
(kan sjungas på melodi *Så går vi till Maxim)*

Vid 65 och plus,

får själen sig en skjuts

och årens panorama

blir livets själva drama.

Så skåla nu i vin

och njut av den farin

som bjudes här i stunden,

för den är bara din.

Det gamla seklet

(Kan sjungas fritt på melodi *Här är det gamla gänget* med
första versen som refräng mellan några verser)

Hur var det gamla seklet

som vi lämnar kvar när vi går?

Det kära gamla seklet,

klart att det har satt sina spår.

Vi minns väl skutten och hipporna i mörka rum,

fnissen och pussarna och bubbelgum,

Elvis den store och så Tommy Steele,

digga blues och rock och amerikanarbil.

Spättor och knuttar eller raggare,

några var dixie –   duffeldiggare,

Bill och John Silver, Flower-Power-våg,

palestinasjal och protesterartåg.

Hur var det gamla seklet ... ...

Vi köpte allt över disk och expediten sa

Vad får det lov att vara här i da´?

Mjölken i flaskor för en kopparpeng,

sen kom snabbköpen och "köp och slit och släng".

Vi malde salt och vi sjöng och lekte Riara,

sommaren var evig men en plötslig da´

slutade skolan och en värld tog vid,

då man pluggade och sen var man gravid.

Hur var det gamla seklet ... ...

Och våra barn växte upp och revolterade

med åsikter som var komplicerade,

nu har de själva barn och är som vi,

fastän klokare, ja tänk så det kan bli

Hur var det gamla seklet ... ...

Sötebrödsda´r

(kan sjungas på melodi (*Skånska Nationens Madavisa*)

Pensionärerna har

bara sötebrödsda´r

dom kan sitta i solen och gona,

äta mat när dom vill

ta en sup, sen en till,

när som helst kan dom vänslas och fjona.

Dom kan sova på da´n

eller åka till stan,

gå på bio för bara en tia,

spela bridge eller boule

blott för trevnadens skull

och med barnbarnen kull eller Fia.

När dom sitter i ro

i sitt trivsamma bo

och får gäster från långt bort och nära,

kan de hasa omkring

uti tofflor till swing.

Säg vad kan man väl mera begära?

Jo en filosofi,

så att hälsan står bi.

Håll i gång, håll ihop och planera!

Skratta gott och släpp loss,

gymnastisera förstås,

njut av livet och filosofera!

TRAFIKEN

Kör försiktigt säger vi till varandra i vår familj, när någon
ska ut och köra bil. Förr sa vi också *Hjälm och bälte!*
På den tiden hade vi pepitarutiga hjälmar under bilfärden.

Bilmarodören

Bakom en ratt

får många fnatt.

De tutar och hotar,

pekar finger och motar

andra i trafiken

ut i kanten, ned i diken.

Nån känner sig som kung när han sitter i sin bil,

han har egna regler och kör om i höger fil.

Det är ofta en BMW och oftast en han,

för det finns det bevis i statistiken minsann.

Reflex 1

I mörker och kyla

hörs bilarna yla

på folk som går utan reflexer och ljus.

Sköt om dig och värna

om kropp och hjärna

eller så stannar du inomhus!

Reflex 2

Med en reflex

står du inte perplex,

för ditt liv kanske släcks,

om du inte bär reflex.

EPA-traktorer

Man träffar på dem mer och mer,

de blir bara fler och fler.

Registreringsskylt är inget krav,

inte heller körkortsinnehav.

Farliga fordon med barn som kör,

helt horribelt, man frågar sig varför.

VINTER

En kall och snörik vinter påminner mig starkt om
människans litenhet och det känns fint. I fjällvärlden är det
naturen som härskar och människan är där på naturens
villkor och känner en ödmjuk förundran.

Slalom

Vi åker slalom

och sjunger när vi svänger nedför backen.

Det går så lagom,

man trycker bara lätt på ena klacken.

Farten och musiken gör,

att man som en Stenmark kör.

Vi åker slalom och sjunger när vi svänger ned.

Så tar vi liften

nästan ända opp till högsta toppen.

Och sen i pisten

svänger vi och kör med hela kroppen.

Känslan och rytmiken gör,

att man som en Stenmark kör.

Vi åker slalom och sjunger när vi svänger ned.

Och när man trillar,

blir man full av snö och kill i magen.

Och ändå gillar

man att åka skidor hela dagen.

Vanan och tekniken gör,

att man som en Stenmark kör.

Vi åker slalom och sjunger när vi svänger ned.

Luciatåget

Skjortan för liten

och stjärnan är sliten,

fast ljusen i kronan fungerar rätt bra.

Fröken har tränat

oss ungar som skränat

den vanliga låten i veckor var dag.

Mammor och pappor

och syskon och kappor

får trängas där ute i skolkorridor´n.

Sen blir det dags,

att försöka ta plats

och då skyndar de in

och sen går de i spinn.

Då stämmer vi upp vår sång

nästan på samma gång.

Sedan när Lisa

ska sjunga sin visa,

blir Folke så fnissig att Lisa blir stum.

Hon drar upp sitt linne

med tvärilsket sinne

och sparkar´n på knä´t, fräser "du e´ ju dum!"

Sen sjunger hon sången

om Jesus den gången

han föddes i stallet en julaftonsnatt

och Per läser utantill

versen om Tomtelill,

hakbandet lossnar och mössan blir platt.

Då stämmer vi upp vår sång

nästan på samma gång.

Jons lille bror

provar mammornas skor

och föräldrarna ler när han stapplar omkring.

De tasslar och tisslar,

när rödklädda nissar

bjuder på kakor och dansar i ring.

Sen sjunger jag och Sven

om Staffan Stalledräng

och då blir Staffan generad och röd

och hans lillasyster

är ilsken och dyster,

för att hon inte får ännu mer bröd.

Då stämmer vi upp vår sång

nästan på samma gång.

Vinternatt

Stjärnor och ljus i vart fönster,

värme och liv inomhus,

snölyktors fladdrande mönster,

flingor i gatlampans ljus.

Stjärnklart och bitande kyla,

mjukt och stilla och tyst.

Jag står i natten och ser,

hur mörkret av ljuset blir kysst.

Jag finns i mörkret och tänker,

att vinter-vemodets skatt

bär den stjärnan som blänker

alldeles särskilt klart i natt.

För ett ögonblick är jag ett med alltet

och anar en svindlande hemlighet,

innan mitt jag strax är tillbaka

och inte kan fånga, för ingen vet.

Tack

Tack till PO, min man, som så tålmodigt hjälpt mig med struktur och teknik och till min bästa vän, Gabi, som bor i Berlin och som läst igenom mina tyska verser.

Tack också till Christian, min bror, som kommit med synpunkter och till Elisabeth, min barndomsvän i USA och till Tip, som båda gav råd angående mina engelska verser.